Dientes de Madera y Caramelos de Goma

El Expediente Pocopelo

PRESIDENTES
FLYING RHINOCEROS

Ray Nelson ★ Douglas Kelly ★ Ben Adams ★ Mike McLane

Traducido por Bruce International, Inc.

En cooperación con Pete Smith y Keith Melder del Museo
Nacional de Historia Americana, Instituto Smithsonian

Para Holly

SOBRE LOS LIBROS DE FLYING RHINOCEROS
Y DEMÁS MATERIALES DE ESTUDIO

Los libros de Flying Rhinoceros están dedicados a la educación y el entretenimiento de los estudiantes de la escuela primaria. Flying Rhinoceros también ofrece materiales auxiliares con organización de lecciones y juegos, que acompañan a todos los libros. Para obtener más información, pónganse en contacto con Flying Rhinoceros llamando al: 1-800-537-4466 o bigfan@flyingrhinoceros.com

Número de control de la biblioteca del congreso: 2002100007
ISBN 1-59168-018-2
Edición escolar modificada
Producido en los Estados Unidos

OTROS LIBROS DE FLYING RHINOCEROS:
Los Siete Mares en la Bañera de Bernardo
(El mar y la vida marina)
El Almuerzo Raro de Eduardo Bichero
(Insectos)
El Gran Despegue de María y Sofía
(Espacio exterior)
Saludos desde los Estados Unidos
(Geografía de los E.E.U.U.)
Un Dinosaurio se Comió Mi Tarea (Dinosaurios)

visítenos en línea:
www.flyingrhino.com
o llame al 1-800-537-4466

He tenido el gran honor de ser Presidente de los Estados Unidos de América. Fue un privilegio sentarme en el mismo Despacho Oval y pasear por los mismos pasillos de la Casa Blanca que Abraham Lincoln, Teddy Roosevelt y John F. Kennedy usaron. Todos llegamos allí con perseverancia, mucho trabajo y, lo más importante, una buena educación.

En este libro vas a aprender algo acerca de la vida de cada uno de los presidentes y los retos a los que se enfrentaron mientras ocupaban el cargo más alto de nuestra nación. Vas a ver cómo cada presidente tiene al menos una cosa en común contigo—cada uno fue un ser humano. Disfrutaban de sus pasatiempos, de sus mascotas y de sus amigos y antes de ser presidente, cada uno tenía otro trabajo. No todos los estudiantes llegarán a ser presidente, pero todos *pueden* llegar a ser presidente.

Para mí, ser Presidente de los Estados Unidos, fue a la vez un honor y una tarea entretenida. A ti te ocurrirá lo mismo con el sueño que desees seguir. Puedes empezar ya mismo a reunir tu tesoro más valioso—tu educación.

Gerald R. Ford

ALGUNAS PALABRAS QUE DEBES SABER

Embajador—Una persona nombrada para representar a su gobierno en sus relaciones con otros gobiernos.

Asesinato—La acción de matar a una persona famosa.

Gabinete—Un grupo de personas seleccionadas por el presidente para administrar diferentes departamentos y servir como asesores.

Congreso—El principal grupo legislativo de los Estados Unidos. Está compuesto por el Senado y la Cámara de Representantes.

Constitución—El documento que establece el sistema de leyes y creencias básicas que guían las funciones y los límites del gobierno que dirige el país.

Congreso Confederado—El grupo de personas que gobernó a los Estados Unidos durante la época revolucionaria (1774-1789). Este grupo fue organizado para manifestar sus preocupaciones contra Gran Bretaña, para organizar el Ejercito Confederado y para ejercer como las ramas ejecutiva y legislativa del gobierno.

Declaración de Independencia—La proclamación por parte del Congreso Confederado que declaraba la independencia política de las 13 colonias americanas frente a Gran Bretaña.

Juicio de residencia—La formulación de cargos contra el presidente, ante un tribunal de justicia apropiado, por haber cometido algún delito mientras está en el poder. Este es el primer paso en la destitución de un presidente en funciones. (Véanse los presidentes John Tyler, Andrew Johnson, Richard Nixon, y Bill Clinton.)

Inauguración o inaugural—Tomar posesión del cargo de presidente mediante una ceremonia o celebración formal.

Separarse—Darse de baja o retirarse expresamente de una afiliación o alianza.

Veto—El poder que otorga la Constitución al presidente para rechazar un proyecto de ley que ha sido aprobado por el Congreso.

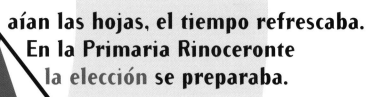

Caían las hojas, el tiempo refrescaba.
En la Primaria Rinoceronte
la elección se preparaba.

Los mejores y más listos se presentan este año,
para guiar a Rinoceronte a un futuro extraordinario.
¿A quién elegirán? ¿Quién sabe lo que harán?
Por uno de estos dos, todos votarán.

Hasta la **"CIMA"**

★ CON ★
POCOPELO

Paco Pocopelo es calladito y vergonzoso.
Es un poquito aburrido, y un poquito medio soso.
(Bueno, esta es la pura verdad.)
Los pelitos sin vida, las ropas sin estilo.
¡Es tan desanimado que terminarás dormido!
Su cara sin gracia te dejará **aturdido**.
Un chicle bien masticado es mucho más **divertido**.
(Pero, aparte de eso, ¡él es un chico amoroso!)

Ramona Rabietas es una chica sin par.
Si no le gana a Paco, hasta te podría pegar.
Tiene un poco de mal genio y es antipática a **ratos**.
Se comporta igualito que una bolsa llena de **gatos**.
Te promete la luna, te sigue la **corriente**,
pero si no votas por ella, te romperá todos los **dientes**.

VOTA POR

RABIETAS

2

Al conocerse la encuesta,
   Paco dijo suspirando,
   "Me están ganando de veras–¿por qué lo sigo intentando?

Soy fiel a mis principios,
   correcto y muy humano.
   ¡Pero, mis puntos están más bajos que la panza de un gusano!

La gente no me quiere, ni siquiera un poquito.
Quizás fuera mejor si de en medio me quito."

Paco, nuestro héroe, estaba desesperado.
Cuando se vio frente a frente con un gran antepasado.
La mirada de George parecía decirle,

"¡Parece mentira,
Paco, que estés
pensando rendirte!"

Paco empezó a sentirse
un poquito avergonzado,
se dio cuenta que rendirse
no era cosa de su agrado.
Hay que ganar la elección y
no hay tiempo que perder.
¡Manos a la obra! De los mejores
hay mucho que aprender.

EL EXPEDIENTE POCOPELO

G E O R G E   W

PRESIDENTE

1

1789-1797

Nació 22 de febrero de 1732 (en Fredericksburg, Virginia)

Murió 14 de diciembre de 1799

Partido Sin partido (primer mandato); Federalista (segundo mandato)

Vicepresidente John Adams

Características físicas 6 pies y 2 pulgadas (1 m 88 cm) de alto, 175 libras (79 kg)

Familia ESPOSA "Lady" Martha Custis HIJO John HIJA Martha

(ambos adoptados por Washington)

✪ CURIOSIDADES PERSONALES ✪

A Washington le gustaba jugar al billar y a las cartas. Además también disfrutaba leyendo periódicos y dando paseos diarios.

★

¡Fuego!

A George Washington le encantaba
ayudar a apagar incendios.

★

Alimentos favoritos

Sopa de cangrejo y ponche de leche y huevo

★

¿Qué ocurrió?

1789 - Primera celebración oficial del Día de Acción de Gracias

1789 - Primer Administrador General de Correos: Timothy Pickering

(El Administrador General de Correos se encarga Ł

de dirigir el sistema postal de los Estados Unidos.)

1791 - Primera Casa de la Moneda de Estados Unidos (dónde se fabrica el dinero)

1791 - Primer Censo en los Estados Unidos

(un conteo de todas las personas que viven en un lugar)

1793 - Invención de la desmotadora de algodón de Eli Whitney

(para refinar el algodón cosechado)

★

Se me ha clavado una astilla en la lengua-¡No es verdad!

¡No! George Washington no tenía una dentadura postiza
hecha de madera. Aunque sí usaba dientes postizos,
el primer juego estaba hecho de marfil procedente de
hipopótamos. También tenía dentaduras hechas de plomo,
marfil y a base de dientes humanos, de ovejas y de vacas.

★

El cruce del río Delaware

Como comandante del Ejercito Confederado, el general
Washington en una ocasión condujo sus tropas a
través del río Delaware, en el que flotaban témpanos
de hielo, para ganar una batalla importante.

★

Soy incapaz de mentir... pero he mentido
George Washington nunca dijo "Soy incapaz de mentir, fui yo quién cortó el cerezo." Esta historia, junto con otros relatos exagerados, procede de un libro escrito en 1800 titulado *The Life of George Washington; with Curious Anecdotes, Equally Honorable to Himself and Exemplary to His Young Countrymen* (La vida de George Washington; con anécdotas curiosas, igualmente ennoblecedoras para sí y ejemplares para sus jóvenes compatriotas)

✪ **PRIMICIAS PRESIDENCIALES** ✪
El primer presidente que era más joven que su esposa

★

El primero cuya imagen apareció en un sello de correos

JOHN ADAMS

PRESIDENTE

2

1797-1801

Nació 30 de octubre de 1735 (en Braintree [actualmente Quincy], Massachusetts)

Murió 4 de julio de 1826 (el mismo día que murió Thomas Jefferson)

Partido Federalista

Vicepresidente Thomas Jefferson

Características físicas 5 pies y 7 pulgadas (1 m 70 cm) de alto, 190 libras (86 kg)

Familia ESPOSA Abigail Smith   HIJOS John Quincy, Charles y Thomas   HIJA Abigail ("Nabby")

✪ PRIMICIAS PRESIDENCIALES ✪

El primer vicepresidente elegido para la presidencia

★

El primero que vivió en la Casa Blanca

★

El primer presidente cuyo hijo, años después, se convertiría en presidente

★

¡Teníamos que haber pedido direcciones!
De camino a Washington, D.C., para instalarse en la Casa Blanca, John Adams y su familia estuvieron varias horas perdidos en los bosques al norte de la ciudad.

★

Hay que poner los puntos sobre las íes
Después de que Thomas Jefferson terminó de escribir la Declaración de Independencia, John Adams se encargó de revisarla.

✪ CURIOSIDADES PERSONALES ✪

A Adams le encantaba dar paseos, pescar y leer. Siempre estaba buscando nuevos libros para aumentar su biblioteca personal. Abigail Adams solía colgar la ropa lavada para secarla en la Sala Este de la Casa Blanca.

9

THOMAS JEFFERSON

13 de abril de 1743 (en el condado de Goochland
[actualmente Albemarle] Virginia) *Nació*
4 de julio de 1826 (el mismo día que murió John Adams) *Murió*
Republicano-Demócrata *Partido*
Aaron Burr (1801-1805) y George Clinton (1805-1812) *Vicepresidentes*
6 pies y 2 pulgadas (1 m 88 cm) de alto *Características físicas*
ESPOSA **Martha Skelton** HIJAS **Martha ("Patsy") y Mary ("Polly")** *Familia*

PRESIDENTE
3
1801-1809

✪PRIMICIAS PRESIDENCIALES✪

Primer presidente que fue inaugurado
en Washington, D.C.

★ ¿Qué tiene cientos de patas y vuela?

Durante la firma de la Declaración
de Independencia, escrita por Jefferson,
la ceremonia terminó antes de lo
previsto, debido a la gran cantidad de
moscas que había y que estaban fastidiando
a los miembros firmantes. A Jefferson le
gustaba decir que la votación de la
Declaración de Independencia se hizo
bajo la "influencia de las moscas."

✪CURIOSIDADES PERSONALES✪

Jefferson era un hombre de gran cultura que
hablaba seis idiomas. Era arquitecto, abogado,
músico e inventor. Pasó muchas horas
trabajando para que se aprobaran leyes
que garantizaran la libertad
de expresión religiosa.

★ ¡Qué elegante!

A Thomas Jefferson le gustaba vestirse
con sus ropas de granjero.

★ Amigos hasta el fin

Thomas Jefferson y John Adams se hicieron muy
buenos amigos después de ser presidentes, y se
escribieron muchas cartas. Ambos murieron el mismo
día, el 4 de julio de 1826, fecha en que se celebraba
el 50° aniversario de la Declaración de Independencia.

JAMES MADISON

Nació 16 de marzo de 1751 (en Port Conway, Virginia)
Murió 28 de junio de 1836
Partido Republicano-Demócrata
Vicepresidentes George Clinton (1809-1812) y Elbridge Gerry (1813-1814)
Características físicas 5 pies y 4 pulgadas (1 m 63 cm) de alto, 100 libras (45 kg)
Familia ESPOSA Dorothea ("Dolley") Payne Todd ("La más celebrada en Washington")

★
La anfitriona ideal

Dolley Madison fue la anfitriona oficial de la Casa Blanca durante dieciséis años, durante los mandatos de James Madison y Thomas Jefferson. Se negó a abandonar la Casa Blanca durante la invasión británica de 1812, e insistió en quedarse hasta estar segura de que su esposo y muchos de los tesoros de la Casa Blanca estaban a salvo. En 1814, los británicos incendiaron el Capitolio y la "Mansión Ejecutiva." Posteriormente, el exterior de la mansión se pintó de blanco y por este motivo se conoce como la "Casa Blanca."

✪ CURIOSIDADES PERSONALES ✪

Madison jugaba al ajedrez, montaba a caballo y le gustaba leer libros antiguos en latín y griego.

★
Autor, Autor

James Madison es conocido como el "Padre de la Constitución," un apodo que él odiaba. Fue el autor principal de la Constitución y también fue el secretario de la conferencia que la redactó.

✪ PRIMICIAS PRESIDENCIALES ✪

El primer presidente que fue más joven que sus dos vicepresidentes, los cuales murieron cuando todavía ocupaban su cargo

★

El primer presidente en funciones que se enfrentó al fuego enemigo al frente de sus tropas

★

El primero en llevar pantalones largos—los presidentes anteriores llevaban pantalones bombachos (pantalones cortos ceñidos bajo la rodilla)

JAMES MONROE

28 de abril de 1758 (en Westmoreland County, Virginia) Nació

4 de julio de 1831 Murió

Republicano-Demócrata Partido

Daniel Tompkins Vicepresidente

Un poco más alto de 6 pies (1 m 85 cm) Características físicas

ESPOSA Elizabeth Kortright HIJAS Eliza y Maria Hester Familia

PRESIDENTE 5

1817-1825

✪ PRIMICIAS PRESIDENCIALES ✪

El único presidente que ocupó dos cargos distintos en el gabinete
(Ministro de relaciones exteriores y Ministro de la guerra)

★

El primer presidente que hizo
una gira por el país

★

La Doctrina Monroe

Al Presidente Monroe le preocupaba
que países extranjeros, como España
y Rusia, se apoderaran de áreas que
eran importantes para los Estados Unidos.
Él advirtió a otros países contra su expansión
en el hemisferio oeste. Este mensaje llegó
a conocerse como la Doctrina Monroe.

✪ CURIOSIDADES PERSONALES ✪

Monroe era una persona amigable y cortés.
Le encantaba montar a caballo e ir de caza.

JOHN QUINCY ADAMS

Nació 11 de julio de 1767 (en Braintree [actualmente Quincy], Massachusetts)
Murió 23 de febrero de 1848
Party Republicano-Demócrata
Vicepresidente John C. Calhoun
Características físicas 5 pies 7 pulgadas (1 m 70 cm) de alto, 175 libras (79 kg)
Familia ESPOSA Louisa Catherine Johnson HIJOS George, John II, y Charles
PADRE John Adams (el segundo presidente)

✪ CURIOSIDADES PERSONALES ✪

Adams se despertaba todos los días a las 5
de la mañana, encendía la chimenea, leía la
Biblia y se daba un baño en el río Potomac.
Le gustaba leer, la naturaleza, montar a
caballo, nadar e ir al teatro.

★ No traje traje

Cuando John Quincy
Adams era presidente
le gustaba dar un paseo
matutino hasta el río
Potomac y ahí nadar
desnudo. Una mañana,
una reportera llamada
Anne Royall se sentó
sobre las ropas del
presidente hasta que
él le concedió una
entrevista. El presidente
permaneció en el río
Potomac, con el agua
hasta el pecho, durante
la entrevista.

✪ PRIMICIAS PRESIDENCIALES ✪

El primer hijo de un presidente que,
años después, llegó a ser presidente

★

El primer presidente que fue fotografiado (1843)

★

Instaló la primera mesa de billar en la Casa Blanca

★ De la Casa Blanca a la Cámara

Adams es el único presidente que fue
elegido para servir en la Cámara de
Representantes después de su primer
mandato como presidente (sirvió
en la Cámara 17 años).

ANDREW JACKSON

15 de marzo de 1767 (en la región de Waxhaw entre North y South Carolina) **Nació**

8 de junio de 1845 **Murió**

Demócrata **Partido**

John C. Calhoun (1829-1832), Martin Van Buren (1833-1837) **Vicepresidentes**

6 pies y 1 pulgada (1 m 85 cm) de alto, 145 libras (66 kg) **Características físicas**

ESPOSA Rachel Donelson Robards **HIJO** Andrew Jr. (su sobrino adoptado) **Familia**

✪ PRIMICIAS PRESIDENCIALES ✪

El primer presidente que sobrevivió un intento de asesinato

★

El único presidente que ayudó al Congreso a pagar la deuda nacional

✪ CURIOSIDADES PERSONALES ✪

Jackson se quedó huérfano a los 14 años. Fue adoptado por padres muy trabajadores, sin estudios. Se le conocía con el apodo "Old Hickory" (Viejo nogal).

★ ¡Vaya fiesta!

Durante la celebración inaugural de Jackson, miles de sus seguidores irrumpieron en la fiesta que se daba en la Casa Blanca. Los granjeros, leñadores y viejos soldados volcaron mesas, rompieron platos y se subieron por los muebles. Para librarse de la muchedumbre, los camareros colocaron toneles enormes de ponche en el jardín de la Casa Blanca, para atraer a la gente afuera, y rápidamente cerraron las puertas cuando salieron.

★ Señor Veto

Jackson vetó más leyes que todos los presidentes anteriores a él juntos.

★ ¡Toma palo, bruto!

El 30 de enero de 1835, Richard Lawrence intentó asesinar a Andrew Jackson, pero las dos armas le fallaron al disparar. Jackson echó a correr detrás de Lawrence, golpeándole con su bastón.

MARTIN VAN BUREN

PRESIDENTE

8

1837-1841

Nació 5 de diciembre de 1782 (en Kinderhook, New York)

Murió 24 de julio de 1862

Partido **Demócrata**

Vicepresidente **Richard Mentor Johnson**

Características físicas **5 pies 5 pulgadas (1 m 65 cm) de alto**

Familia ESPOSA **Hannah Hoes** HIJOS **Abraham, John, Martin Jr. y Smith**

★
Besando bebés

Martin Van Buren fue el primer presidente realmente político del país. Utilizó discursos, reuniones políticas, canciones, panfletos y funciones para recaudar fondos. Se le conocía como el "Pequeño Mago," porque todo lo que tocaba se convertía en un voto a su favor.

✪ PRIMICIAS PRESIDENCIALES ✪

El primer presidente nacido como ciudadano de los Estados Unidos; los presidentes anteriores nacieron antes de la Declaración de Independencia, y por lo tanto, nacieron como súbditos británicos.

★
Yo estoy O.K., tú estás O.K.

El apodo de Van Buren era "Old Kinderhook." Solía dar su aprobación firmando con sus iniciales "O.K." Muchos piensan que de ahí proviene la expresión "O.K."

✪ CURIOSIDADES PERSONALES ✪

A Van Buren le gustaba acudir al teatro y a la ópera, e ir de pesca.

WILLIAM HENRY HARRISON

9 de febrero de 1773 (en el condado de Charles City, Virginia) *Nació*

4 de abril de 1841 *Murió*

Whig *Partido*

John Tyler *Vicepresidente*

5 pies y 8 pulgadas (1 m 73 cm) de alto *Características físicas*

ESPOSA **Anna Tuthill Symmes** HIJOS **John Cleves, William, John Scott, Benjamin,** *Familia*
y Carter HIJAS **Elizabeth, Lucy, Mary y Anna**

PRESIDENTE

9

1841

✪ CURIOSIDADES PERSONALES ✪

Harrison tenía 68 años cuando fue inaugurado.
Le gustaba caminar, montar a
caballo y leer la Biblia.

★
¡Hay que abrigarse!

William Henry Harrison dio el discurso inaugural más largo de la historia, duró más de una hora y 40 minutos. Harrison se mantuvo a pie en un día helado de marzo, sin guantes, sin sombrero y sin abrigo. Contrajo un resfriado tremendo, que se volvió pulmonía y fue la causa de su muerte el 4 de abril de 1841. Fue presidente durante un mes solamente, el mandato más corto de ningún presidente.

★
Mascotas

Harrison tenía una cabra llamada
"His Whiskers" (Sus Bigotes).

✪ PRIMICIAS PRESIDENCIALES ✪

El primer presidente que murió
mientras ocupaba el cargo

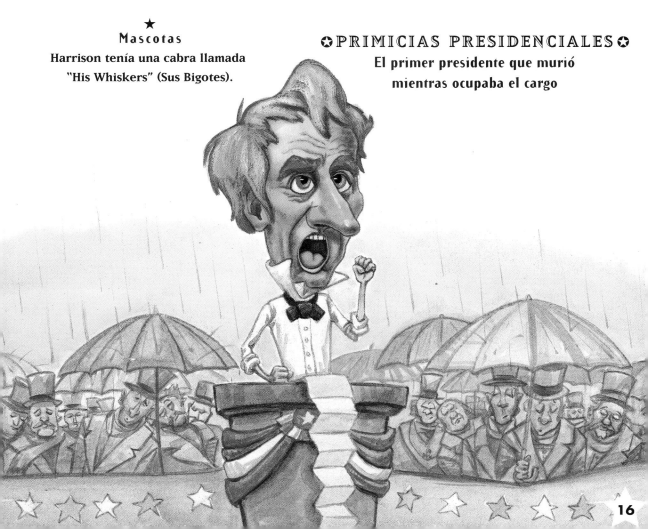

JOHN TYLER

10

1841-1845

Nació 29 de marzo de 1790 (en el condado Charles City County, Virginia)
Murió 18 de enero de 1862
Partido Whig
Vicepresidente Ninguno
Características físicas 6 pies (1 m 83 cm) de alto y muy delgado
Familia ESPOSAS Letitia Christian (murió 1842), Julia Gardiner ("La rosa de Long Island") HIJOS Tazewell, John, Robert, David, John Alexander, Lachlan, Robert Fitzgerald y Lyon HIJAS Alice, Letitia, Elizabeth, Mary, Anne, Julia y Pearl

★
Mascotas
Tyler tuvo un caballo llamado "General," un canario llamado "Johnny Ty," y un galgo italiano llamado "Le Beau."

✪PRIMICIAS PRESIDENCIALES✪
El primer presidente que no tuvo ningún vicepresidente durante todo su mandato

★
Pañales y más pañales
John Tyler tuvo más hijos que ningún otro presidente, un total de 15.

✪CURIOSIDADES PERSONALES✪
Tyler cazaba zorros y le gustaban los animales salvajes. Tyler y su esposa, Julia, dieron mejores fiestas que nadie en la Casa Blanca. Tyler tocaba el violín y Julia le acompañaba con la guitarra.

★
¿Demasiados vetos?
En 1841, comenzó el proceso de juicio de residencia contra Tyler por abuso de su derecho de veto.

JAMES KNOX POLK

2 de noviembre de 1795 (en el condado de Mecklenburg, North Carolina) *Nació*

15 de junio de 1849 *Murió*

Demócrata *Partido*

George Mifflin Dallas *Vicepresidente*

5 pies y 8 pulgadas (1 m 73 cm) de alto *Características físicas*

ESPOSA **Sarah Childress** *Familia*

PRESIDENTE

11

1845-1849

★
Compro el paseo marítimo

A James Polk se le conocía como el presidente "de los bienes raíces." Durante su mandato, los Estados Unidos incorporaron 800,000 millas cuadradas de territorio. Llegó a un acuerdo con el gobierno británico sobre una disputa relativa a los límites del territorio de Oregon. También hizo que Estados Unidos entablara una guerra con México para tomar el área del suroeste, que incluía New Mexico, Texas y California.

✪PRIMICIAS PRESIDENCIALES✪
Primer presidente que se retiró voluntariamente después de su primer mandato

★
Así son mis fiestas...

James Polk no fue un presidente popular. Él y su esposa, la Sra. Polk, dieron las fiestas más aburridas que jamás ha visto la Casa Blanca. No estaban permitidos ni el baile ni la música.

ZACHARY TAYLOR

Nació 24 de noviembre de 1784 (en el condado de Orange, Virginia)
Murió 9 julio de 1850
Partido Whig
Vicepresidente Millard Fillmore
Características físicas 5 pies y 8 pulgadas (1 m 73 cm) de alto, 170 libras (77 kg)
Familia ESPOSA Margaret ("Peggy") Mackall Smith HIJO Richard
HIJAS Ann, Sarah y Mary

★

¡Oye amigo! ¡Cómprate una postal!
El viejo y leal caballo de Taylor, "Whitey," solía pastar en el jardín delantero de la Casa Blanca. Hay quien dice que los turistas realmente arrancaban pelos de la cola de Whitey para llevárselos como recuerdo.

✪ PRIMICIAS PRESIDENCIALES ✪
El primer presidente que nunca había ocupado un cargo político antes de la presidencia

★

El primero en ser elegido de un estado al oeste del río Mississippi (Louisiana)

★

¿Alguien quiere repetir?
Taylor se pasó el día entero en la celebración del cuatro de julio instalando la piedra angular del monumento a Washington. Ese día hacía un calor sofocante y cuando el presidente llegó a casa, se comió un montón de cerezas, leche helada y pepinos en vinagre, a la vez que sufría de fiebre tifoidea. Se enfermó gravemente y murió cinco días después, el 9 de julio de 1850.

✪ CURIOSIDADES PERSONALES ✪
Taylor era un hombre muy cordial y afable, aunque a veces era un poco tímido. Mascaba tabaco y era famoso porque siempre daba en el blanco cuando escupía a la escupidera.

★

Rústico pero eficiente
Antes de llegar a ser presidente, Taylor fue general en el ejercito.

ADIÓS ESTÁ SALIENDO DE MÉXICO

MILLARD FILLMORE

7 de enero de 1800 (en Locke Township, condado de Cayuga, New York) Nació

8 de marzo de 1874 Murió

Whig Partido

Ninguno Vicepresidente

6 pies (1 m 83 cm) de alto Características físicas

ESPOSA Abigail Powers HIJO Millard HIJA Mary Familia

✪ CURIOSIDADES PERSONALES ✪

Fillmore disfrutaba coleccionando libros.
Se le conocía como el "Último de los Whigs."

✪ PRIMICIAS PRESIDENCIALES ✪

El primer presidente que tuvo una madrastra

★

A petición de su esposa, Abigail, se instaló la primera bañera con agua corriente en la Casa Blanca.

★
Ratón de biblioteca

Millard Fillmore no fue a la escuela cuando era niño, por eso no conocía muchas palabras y apenas sabía leer. Fue a una biblioteca en su ciudad y descubrió un mundo nuevo. Se inscribió en una academia en New Hope, New York, donde conoció y, posteriormente, se casó con una maestra llamada Abigail Powers. Durante su presidencia, Millard y Abigail establecieron la primera biblioteca permanente en la Casa Blanca. Tenían una biblioteca personal de más de 4,000 libros.

FRANKLIN PIERCE

Nació 23 de noviembre de 1804 (en Hillsborough, New Hampshire)
Murió 8 de octubre de 1869
Partido Demócrata
Vicepresidente William Rufus DeVane King
Características físicas 5 pies 10 pulgadas (1 m 78 cm) de alto
Familia ESPOSA Jane Means Appleton HIJOS Franklin (murió a los tres días de nacer), Frank Robert (murió a los cuatro años de edad) y Benjamin (murió en un accidente dos meses antes de la inauguración)

✪ CURIOSIDADES ✪ PERSONALES ✪

Pierce era una persona comprensiva que se ganaba amigos muy fácilmente. Sin embargo, también sufría periodos de depresión y mantuvo una lucha constante contra el alcoholismo. Pierce era un pescador apasionado.

✪ PRIMICIAS PRESIDENCIALES ✪

El primer presidente cuyo vicepresidente no ejerció sus funciones, porque murió antes de asumir sus deberes

★

El único presidente que retuvo su gabinete original durante los cuatro años de su presidencia

★

El primero en colocar un árbol de navidad en la Casa Blanca

★
Ley Kansas-Nebraska

Pierce defendió enérgicamente la Ley Kansas-Nebraska. Esta ley permitía a los colonos de los territorios de Nebraska y de Kansas que decidieran ellos mismos si deseaban legalizar la esclavitud. Habitantes del estado de Missouri, donde la esclavitud era legal, cruzaron ilegalmente la frontera de Kansas para votar en ese estado a favor de la esclavitud. Las luchas que se produjeron a consecuencia del conflicto dieron lugar al nombre "Kansas Sangriento." Los contrarios a la Ley se reunieron en Wisconsin y formaron una nueva fuerza política denominada Partido Republicano.

JAMES BUCHANAN

23 de abril de 1791 (en Mercersburg, Pennsylvania) *Nació*
1 de junio de 1868 *Murió*
Demócrata *Partido*
John Cabell Breckinridge *Vicepresidente*
6 pies (1 m 83 cm) de alto *Características físicas*
Buchanan nunca se casó. Su sobrina, Harriet Lane, hacía funciones de anfitriona. *Familia*

✪ CURIOSIDADES PERSONALES ✪

A Buchanan le gustaba leer, jugar a las cartas, y recibir en su casa a sus amigos. Cuando hablaba con las personas, inclinaba la cabeza a la izquierda y cerraba un ojo, porque padecía de hipermetropía en uno de sus ojos y miopía en el otro. Para empeorar la situación, tenía el ojo izquierdo un poco más alto en la cuenca del ojo.

✪ PRIMICIAS PRESIDENCIALES ✪

El primer presidente que envió un telegrama trasatlántico: el 16 de agosto de 1858, intercambió saludos con la Reina Victoria de Gran Bretaña.

★
¡Hasta nunca!
Buchanan envió una nota al recién elegido Presidente Abraham Lincoln que decía: "Mi muy estimado señor, si usted está tan feliz de haber llegado a la Casa Blanca como yo de haber salido, es usted, sin duda, un hombre muy feliz."

★
¡Con las esposas puestas!
Buchanan se sintió incapaz de evitar la guerra civil. No le gustaba la esclavitud, pero creía que la Constitución sí la permitía.

22

★
Espía contra espía

Mary, la esposa de Lincoln, tenía cuatro hermanos y cuatro cuñados que lucharon a favor del sur durante la guerra civil. Se extendieron muchos rumores en Washington, D.C., de que Mary Lincoln era una espía confederada. Abe se sintió tan angustiado por estos rumores que compareció personalmente en una audiencia del Senado para denunciar los rumores.

★
Comida favorita
Pollo fricasé

★
Apodo
Abe *El Honesto*

LINCOLN

12 de febrero de 1809 (en Hodgenville, condado de Hardin [actualmente Larue], Kentucky) *Nació*
15 de abril de 1865 *Murió*
Republicano *Partido*
Hannibal Hamlin (1861-1865) y Andrew Johnson (1865) *Vicepresidentes*
6 pies y 4 pulgadas (91 m 93 cm) de alto (fue el presidente más alto). 180 libras (82 kg) *Características físicas*
ESPOSA Mary Todd *HIJOS* Robert, William ("Willie") y Thomas ("Tad") *Familia*

✪ PRIMICIAS PRESIDENCIALES ✪

El primer presidente que fue fotografiado (en su segunda inauguración, en 1865).
En la fotografía se puede ver a John Wilkes Booth de pie, cerca de Lincoln.
(John Wilkes Booth asesinó a Lincoln en 1865.)

✪ CURIOSIDADES PERSONALES ✪

A Lincoln le gustaba leer, ir al teatro, jugar al ajedrez e intercambiar cuentos y chistes con sus amigos. Además, también pasó muchas horas cortando leña. Fue un hombre de gran carácter, que sufrió mucho personalmente para mantener unidos a los Estados Unidos.

★ ¿Has oído el que dice...?

A Abraham Lincoln le encantaba contar chistes, recitar poesías y narrar cuentos. Se hizo famoso durante su época porque respondía a las preguntas con "Eso me recuerda un cuento." Lincoln se reía y bromeaba acerca de la política, la guerra civil e incluso de sí mismo. A Lincoln no se le consideraba muy guapo. Cuando el senador Stephen Douglas le llamó falso con "dos caras," Lincoln respondió: "Que sea el público quien decida. Si yo tuviera otra cara, ¿cree usted que iba a llevar esta?"

★ ¿Qué ocurrió?

1861-1865 — Guerra civil
1861 — Virginia, Arkansas, Alabama, Florida, Georgia, Louisiana, Mississippi, South Carolina, Texas, Tennessee y North Carolina se separaron de los Estados Unidos para formar la Confederación de Estados Americanos.
1863 — Proclamación de Emancipación — Lincoln libera a los esclavos
1863 — El discurso de Gettysburg
1865 — El General Confederado Robert E. Lee capitula en el palacio de justicia de Appomattox.
1865 — Lincoln es asesinado por John Wilkes Booth.

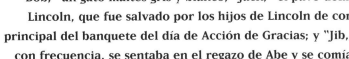

★ Mascotas

"Bob," un gato maltés gris y blanco; "Jack," el pavo domesticado de la familia Lincoln, que fue salvado por los hijos de Lincoln de convertirse en el plato principal del banquete del día de Acción de Gracias; y "Jib," un perro cruzado que, con frecuencia, se sentaba en el regazo de Abe y se comía los restos de comida.

ANDREW JOHNSON

Nació 29 de diciembre de 1808 (en Raleigh, North Carolina)

Murió 31 de julio de 1875

Partido Demócrata

Vicepresidente Ninguno

Características físicas 5 pies y 10 pulgadas (1 m 78 cm) de alto

Familia ESPOSA **Eliza McCardle** HIJOS **Charles, Robert y Andrew** HIJAS **Martha y Mary**

★
¡Tengo una oferta estupenda!

En 1867, los Estados Unidos compraron a Rusia el Territorio de Alaska por $7.2 millones. A los habitantes de Alaska se les concedió tres años para decidir si deseaban quedarse en Alaska o trasladarse a Rusia.

✪ PRIMICIAS PRESIDENCIALES ✪

Primer presidente sometido a juicio de residencia

★

Primera visita de una reina a un presidente estadounidense: la Reina Emma, de las Islas Sandwich (Hawaii), el 14 de agosto de 1866

✪ CURIOSIDADES PERSONALES ✪

Johnson fue un gran orador. Le gustaba el circo y los espectáculos juglarescos, cultivar hortalizas y el juego de las damas.

★
Coser y cantar

Cuando Andrew Johnson tenía 14 años, él y su hermano fueron vendidos como sirvientes a un sastre. Los chicos tenían que trabajar para el sastre, quien a cambio les daba alimentos, ropa y alojamiento, y les enseñaba el oficio de sastre. A los dos años, los chicos se escaparon. El sastre puso un anuncio que ofrecía una recompensa de $10 a quien se los entregara, pero los chicos nunca fueron capturados.

2¢ POR ACRE

PARA LA VENTA

ULYSSES SIMPSON GRANT

27 de abril de 1822 (en Point Pleasant, Ohio) *Nació*
23 de julio de 1885 *Murió*
Republicano *Partido*
Schuyler Colfax (1869-1873) y Henry Wilson (1873-1875) *Vicepresidentes*
5 pies y 7 pulgadas (1 m 70 cm) de alto *Características físicas*
ESPOSA **Julia Boggs Dent** HIJOS **Frederick, Ulysses ("Buck") y Jesse**
HIJA **Ellen ("Nellie")** *Familia*

★
Su licencia para conducir, por favor

Grant iba montando su caballo de carreras un día en el centro de Washington, D.C., cuando un oficial de policía le puso una multa por exceso de velocidad. El oficial no reconoció al presidente y le multó $20. El presidente pagó sus $20 y envió una felicitación al oficial.

✪ PRIMICIAS PRESIDENCIALES ✪

El primer presidente cuyos padres aún estaban vivos cuando él ocupó su cargo

★

El primer candidato presidencial que tuvo como candidata contraria a una mujer (Victoria Claflin Woodhull)

✪ CURIOSIDADES PERSONALES ✪

Grant se graduó de la academia militar de West Point y fue el general comandante del ejército de la Unión al final de la guerra civil. Le gustaba fumar cigarros puros, montar a caballo de carreras, dibujar y pintar.

★
¿Qué importa el nombre?

El nombre original de Grant era Hiram Ulysses Grant. Cuando fue admitido a la academia de West Point, no quería que sus iniciales, H.U.G. (en inglés significan "abrazar" o "abrazo"), aparecieran impresas en sus efectos personales, y cambió su nombre a Ulysses Hiram Grant. Cuando llegó a la academia, descubrió que estaba inscrito bajo el nombre Ulysses Simpson Grant. A él le gustó y se quedó con ese nombre.

★
Desayuno favorito
Pepinos macerados en vinagre

RUTHERFORD BIRCHARD HAYES

PRESIDENTE
19
1877-1881

Nació 4 de octubre de 1822 (en Delaware, Ohio)
Murió 17 de enero de 1893
Partido Republicano
Vicepresidente William Almon Wheeler
Características físicas 5 pies 7 pulgadas (1 m 70 cm) de alto, 175 libras (79 kg)
Familia ESPOSA Lucy Ware Webb HIJOS Sardis, James, Rutherford Platt y Scott
HIJA Frances ("Fanny")

✪ CURIOSIDADES PERSONALES ✪

Hayes era serio, honesto y trabajador. Disfrutaba del campo,
de la lectura, del ajedrez y de la jardinería ornamental.

✪ PRIMICIAS PRESIDENCIALES ✪

El primer presidente que utilizó el teléfono

★

El primero que visitó la costa oeste
siendo presidente

★

El primer presidente que fue elegido a
pesar de perder el voto popular
(consulta la página 54 para saber
cómo se elige un presidente)

★

¡Oye, chico! ¡No pises el césped!

La primera dama Lucy Hayes instituyó
la búsqueda tradicional anual de los
huevos de Pascua en la Casa Blanca.
Esta celebración se llevaba a cabo
anteriormente en el césped del
Capitolio, pero el Congreso se
quejó de que dicho evento
estropeaba el césped.

★

¿Tienes sed?

"Lucy Limonada" fue el apodo
que se dio a Lucy Hayes, porque
no permitía que se sirvieran
bebidas alcohólicas en la Casa
Blanca. Tampoco permitía que se
fumara, se bailara, ni que se
jugara a las cartas.

JAMES ABRAM GARFIELD

PRESIDENTE

20

1881

19 de noviembre de 1831 (en Orange, condado de Cuyahoga, Ohio) *Nació*

19 de setiembre de 1881 *Murió*

Republicano *Partido*

Chester Alan Arthur *Vicepresidente*

6 pies (1 m 83 cm) de alto, 185 libras (84 kg) *Características físicas*

ESPOSA **Lucretia ("Crete") Rudolph** HIJO **Harry, James, Irvin y Abram** HIJA **Mary** *Familia*

✪ PRIMICIAS PRESIDENCIALES ✪

El primer presidente zurdo

★

El primero en hacer su campaña electoral en más de un idioma (inglés y español)

★

Asesinato

A James Garfield le dispararon el 2 de julio de 1881, en una estación de ferrocarril en Baltimore. Charles J. Guiteau había estado siguiendo furtivamente al presidente durante semanas, pero nunca se había atrevido a dispararle hasta el 2 de julio. Guiteau utilizó una pistola británica Bulldog, de calibre .44, porque pensó que "un día se vería muy bonita en un museo." Garfield murió 80 días después de haber recibido el disparo.

★

Apearse del caballo por las orejas

James Garfield, de niño, trabajó en el Canal Erie. Él conducía los caballos que tiraban de la barcaza Evening Star por la orilla del río. Se llevó bastantes chapuzones hasta que aprendió, finalmente, a controlar a los caballos.

✪ CURIOSIDADES PERSONALES ✪

Garfield era una persona muy amable y le gustaba abrazar a la gente o echarle el brazo sobre el hombro a cualquiera de las personas con las que hablaba. Disfrutaba jugando al ajedrez y a los billares y podía escribir con las dos manos.

CHESTER ALAN ARTHUR

Nació 5 de octubre de 1830 (en North Fairfield, Vermont)
Murió 18 de noviembre de 1886
Partido Republicano
Vicepresidente Ninguno
Características físicas 6 pies 2 pulgadas (1 m 88 cm) de alto, 220 libras (100 kg)
Familia ESPOSA Ellen ("Nell") Lewis Herndon HIJO Chester Jr. HIJA Ellen ("Nell")

✪ PRIMICIAS PRESIDENCIALES ✪

El primer presidente cuya ciudadanía se puso en duda (muchos creían que había nacido en Canadá)

★

El primero que tomó el juramento del cargo en su casa

★

Comida favorita
Chuletas de cordero

✪ CURIOSIDADES PERSONALES ✪

Para animar un poco al país después de la personalidad seria del Presidente Hayes y de la tristeza provocada por el asesinato del Presidente Garfield, Arthur cambió el decorado de la Casa Blanca y dio fiestas para las personas de Washington, D.C. Era un caballero romántico al que le gustaba pescar y cazar.

★
Esto es una prueba, solamente una prueba

Durante el mandato como presidente de Chester Arthur, se produjo un cambio en la administración pública (trabajos en el gobierno). Se introdujo una prueba o examen para las personas que deseaban un trabajo en el gobierno. Esto aseguraba que los trabajos se iban a dar a las personas mejor calificadas, en vez de a las personas que hacían favores a los políticos encargados de otorgar los trabajos.

STEPHEN GROVER CLEVELAND

18 de marzo de 1837 (en Caldwell, New Jersey) *Nació*
24 de junio de 1908 *Murió*
Demócrata *Partido*
Thomas Andrews Hendricks *Vicepresidente*
5 pies 11 pulgadas (1m 80 cm) de alto, 250 libras (113 kg) *Características físicas*
ESPOSA Frances Folsom *HIJOS* Richard y Francis *Familia*
HIJAS Ruth, Esther y Marion

PRESIDENTE
22
1885-1889

★
Golosinas para todos
Hay personas que piensan que la golosina "Baby Ruth" se llamó así
en honor de la hija mayor de Cleveland, Ruth. Durante el primer
mandato de Cleveland, Ruth solía jugar en el jardín delantero de la Casa
Blanca. Pero tuvo que dejar de jugar ahí porque demasiados turistas se
acercaban para levantarla y pasársela de una persona a otra.

✪ CURIOSIDADES PERSONALES ✪
Cleveland fue conocido como un hombre bueno y honesto.
Pero también era un poco irritable y directo. Su deporte
favorito era la pesca. También le gustaba
la comida alemana y jugar a las cartas.

★
Lo mejor es ser honesto
A Cleveland se le conocía como un
hombre honesto. Cuando llegó a
Washington, D.C., comenzó a limpiar la
corrupción que se había producido antes
de que él llegara a la presidencia. Repasó
los informes de muchos empleados del
gobierno y despidió a muchos cuando
existían pruebas de que habían sido
contratados de manera fraudulenta.

✪ PRIMICIAS PRESIDENCIALES ✪
El único presidente elegido para servir en dos mandatos
no consecutivos (1885-1889 y 1893-1897)

★
El primer presidente que se casó en la Casa
Blanca y el primero al que le nació un hijo allí

BENJAMIN HARRISON

Nació 20 de agosto de 1833 (en North Bend, Ohio)
Murió 13 de marzo de 1901
Partido Republicano
Vicepresidente Levi Parsons Morton
Características físicas 5 pies 6 pulgadas (1m 68 cm) de alto
Familia ESPOSAS Caroline Lavinia Scott (murió en 1892), Mary Lord Dimmick HIJO Russell
Benjamin HIJAS Mary Scott ("Mamie") y Elizabeth

✪ PRIMICIAS PRESIDENCIALES ✪

El único nieto de un presidente anterior que fue elegido para la presidencia

★

Tú iluminas mi vida

En 1891, la compañía eléctrica Edison instaló el primer servicio eléctrico en la Casa Blanca. Después de que Benjamin Harrison recibió una descarga eléctrica, la familia, con frecuencia, se negó a tocar las llaves de la luz. A veces, la familia Harrison se acostaba y dejaba todas las luces encendidas en la Casa Blanca.

★

Tarde o Temprano

Cuando el Territorio de Oklahoma se abrió a la expansión, los colonos tenían que competir en una carrera desde lugares designados y a horas establecidas, para reclamar parcelas de terreno libre para sus familias. Algunas personas hicieron trampa y salieron antes del momento debido. A los colonos tramposos se les denominó "Sooners" ("Tempraneros").

✪ CURIOSIDADES PERSONALES ✪

A Harrison se le conocía como el "bloque de hielo humano" porque era muy rígido y formal en su trato con la gente. Era muy listo y prestaba mucha atención a los detalles.

★

Siguiendo las huellas del abuelo

El abuelo de Benjamin Harrison fue el noveno presidente, William Henry Harrison.

STEPHEN GROVER CLEVELAND

18 de marzo de 1837 (en Caldwell, New Jersey) *Nació*
24 de junio de 1908 *Murió*
Demócrata *Partido*
Adlai E. Stevenson *Vicepresidente*
5 pies 11 pulgadas (1m 80 cm) de alto, 250 libras (113 kg) *Características físicas*
ESPOSA Frances Folsom HIJOS Richard y Francis *Familia*
HIJAS Ruth, Esther y Marion

PRESIDENTE
24
1893-1897

★
Un crucero de tres horas, un crucero de tres horas

Grover Cleveland hizo un recorrido en barco de vela, en julio de 1893. La mayoría del público pensó que era un viaje de pesca en el yate privado Oneida. Pero el viaje no tenía como objetivo la pesca. A Cleveland le hicieron una operación quirúrgica en secreto para extirparle un tumor cancerígeno que tenía en la boca. Se mantuvo el secreto de esta operación de tal modo que nadie la descubrió hasta 1917, cuando uno de los doctores contó el secreto.

✪ PRIMICIAS PRESIDENCIALES ✪
El único presidente elegido para servir en dos mandatos no consecutivos (1885-1889 y 1893-1897)

★
Veto, Veto
Durante sus dos mandatos, Grover Cleveland utilizó su derecho de veto 584 veces. Ningún presidente le superó en esta cifra excepto Franklin Roosevelt.

★
Quemándose las pestañas
A Grover Cleveland se le conocía porque trabajaba mucho. En numerosas ocasiones se le podía encontrar trabajando hasta las altas horas de la madrugada.

WILLIAM McKINLEY

Nació 29 de enero de 1843 (en Niles, Ohio)

Murió 14 de setiembre de 1901

Partido Republicano

Vicepresidentes Garret Augustus Hobart (1897-1899) y Theodore Roosevelt (1901)

Características físicas 5 pies 7 pulgadas (1 m 70 cm) de alto, 190 a 200 libras (86-91 kg

Familia ESPOSA Ida Saxton HIJAS Katherine ("Katie") y Ida (ambas murieron cuando todavía eran bebés

✪ PRIMICIAS PRESIDENCIALES ✪
El primer presidente que hizo campaña electoral por teléfono

★ ¡Aloha!
En 1898, William McKinley firmó una resolución conjunta del congreso para la anexión (anexión significa añadir o unirse a algo más grande) de las Islas Hawaii.

CURIOSIDADES ✪ PERSONALES ✪
McKinley era un hombre amable y alegre, a quien casi todos querían. Le gustaba la ópera, el teatro y el juego de los naipes.

Saludos desde

HAWAII

★ Asesinato
En 1901, Leon Czolgosz disparó de muerte a William McKinley después de haber dado éste un discurso en Buffalo, New York. McKinley murió ocho días después.

★ Ata un lazo morado alrededor del viejo roble
La esposa de McKinley no soportaba el color amarillo. Prohibió que hubiera nada de color amarillo en la Casa Blanca. Incluso ordenó a los jardineros que arrancaran todas las flores amarillas.

THEODORE ROOSEVELT

27 de octubre de 1858 (en New York, New York) *Nació*
6 de enero de 1919 *Murió*
Republicano *Partido*
Charles Warren Fairbanks (1905-1909) *Vicepresidente*
5 pies 8 pulgadas (1 m 73 cm) de alto, 200 libras (91 kg) *Características físicas*
ESPOSAS **Alice Hathaway Lee** [died 1884], **Edith Kermit Carow** *Familia*
HIJOS **Theodore Jr., Kermit, Archibald Bulloch y Quentin**
HIJAS **Alice y Ethel Carow**

PRESIDENTE
26
1901-1909

✪ CURIOSIDADES PERSONALES ✪

Roosevelt fue uno de los presidentes más pintorescos en la historia de los Estados Unidos. Montaba a caballo, iba de caza y boxeaba (incluso siendo presidente). Escribió libros sobre política, los Estados Unidos, pasatiempos al aire libre, la naturaleza y grandes aventuras. El osito de peluche (que en inglés se llama "teddy bear") fue nombrado en su honor en 1903, y su palabra favorita era "¡Bully!"–que significaba "excelente".

✪ PRIMICIAS PRESIDENCIALES ✪

El primer presidente que obtuvo un Premio Nobel de la Paz (en 1906)

★

El primero en visitar un país extranjero siendo presidente

★

El primero en montar en un coche, en navegar en un submarino y en volar en un avión (el 11 de octubre de 1910, voló durante cuatro minutos en un aeroplano construido por los hermanos Wright)

★ ¡A excavar!

Roosevelt comenzó la construcción del Canal de Panamá, el cual costó 400 millones de dólares y necesitó 43,000 trabajadores para terminarlo. Las obras concluyeron en 1914. Ésta es la ruta más fácil y más corta para que los barcos crucen entre los océanos Atlántico y Pacífico.

WILLIAM HOWARD TAFT

Nació 15 de setiembre de 1857 (en Cincinnati, Ohio)
Murió 8 de marzo de 1930
Partido Republicano
Vicepresidente James Schoolcraft
Características físicas 6 pies y 2 pulgadas (1m 88 cm) de alto, de 300 a 350 libras (136-159 kg)
Familia ESPOSA Helen "Nellie" Herron HIJOS Robert Alphonso y Charles Phelps HIJA Helen Herron

✪ PRIMICIAS PRESIDENCIALES ✪

El primer presidente de los 48 estados colindantes

★

El primero en servir como juez en la Corte Suprema de Estados Unidos

★

El primero en lanzar la primera pelota ceremonial en un partido de béisbol

★
Pero querida, yo quiero ser juez

William Taft en realidad nunca quiso ser presidente de la nación. Deseaba ser el juez principal de la Corte Suprema de los Estados Unidos. Su esposa, sin embargo, quería ser primera dama y lo convenció para que presentara su candidatura para presidente. En 1921, Taft logró su deseo y se convirtió en el juez principal de la Corte Suprema.

★
Mascotas

La familia Taft tenía una vaca Holstein, "Pauline Wayne," que pastaba en el jardín delantero de la Casa Blanca.

★
Bill, "El Grande"

William Taft ha sido el presidente más grande hasta la fecha. En una ocasión incluso se quedó atascado en una de las bañeras de la Casa Blanca. Después de que lo ayudaron a salir, ordenó la instalación de una bañera especial de grandes dimensiones, en la que cabían cuatro hombres de tamaño normal.

✪ CURIOSIDADES PERSONALES ✪

Taft era un hombre muy popular, con una personalidad alegre y un sentido del humor maravilloso. Le encantaba jugar al golf y mirar partidos de béisbol. También era muy buen bailarín y tenista.

THOMAS WOODROW WILSON

28 de diciembre de 1856 (en Staunton, Virginia) *Nació*
3 de febrero de 1924 *Murió*
Demócrata *Partido*
Thomas Riley Marshall *Vicepresidente*
5 pies y 11 pulgadas (1m 80 cm) de alto *Características físicas*
ESPOSAS Ellen Louise Axson (murió en 1914), Edith Bolling Galt HIJAS Margaret
Woodrow, Jessie Woodrow y Eleanor Randolph *Familia*

PRESIDENTE
28
1913-1921

✪ CURIOSIDADES PERSONALES ✪

A Wilson le gustaba asistir al teatro, especialmente al vodevil.

★

No jugamos en la misma liga

Uno de los proyectos más importantes de Wilson fue la fundación de la Liga de las Naciones. Iba a ser un grupo considerable de países que ayudarían a resolver disputas entre países y así evitar las guerras. El Congreso de los Estados Unidos votó en contra de formar parte de la Liga de las Naciones. Sin la participación de los Estados Unidos, la Liga de las Naciones no fue nunca tan poderosa como se había anticipado.

★

Señora presidenta

Hacia el final de su presidencia, Wilson sufrió una trombosis cerebral que le paralizó el lado izquierdo del cuerpo. Durante su recuperación, su esposa, Edith, fue su nexo con el mundo exterior. Probablemente no ha habido nunca ninguna primera dama con tanto poder como el que tuvo Edith Wilson durante ese tiempo.

★

La guerra que acabó con todas las guerras

La primera guerra mundial tuvo lugar entre 1914 y 1918. Los Estados Unidos, a regañadientes, se alió contra Alemania en 1917, porque los submarinos alemanes no dejaban de hundir barcos estadounidenses.

✪ PRIMICIAS PRESIDENCIALES ✪

El primer presidente que había obtenido un Doctorado

★

El primero en cruzar el Atlántico siendo presidente

★

Mascotas

Wilson tenía un carnero llamado "Old Ike" (Viejo Ike) que mascaba tabaco y pastaba en el jardín delantero de la Casa Blanca.

WARREN GAMALIEL HARDING

Nació 2 de noviembre de 1865 (en Corsica, Ohio)
Murió 2 de agosto de 1923
Partido Republicano
Vicepresidente John Calvin Coolidge
Características físicas 6 pies (1 m 83 cm) de alto
Familia ESPOSA Florence Kling De Wolfe HIJA Elizabeth Ann Christian

✪ PRIMICIAS PRESIDENCIALES ✪

El primer presidente que visitó Alaska

★

El primero en asistir en coche a su inauguración

★

El primero en emitir un discurso nacional por la radio

★
¡Dame cartas!

Warren Harding jugaba al póquer al menos dos veces por semana. En una ocasión, perdió en una apuesta una vajilla completa de porcelana de la Casa Blanca que se remontaba a la presidencia de Benjamin Harrison. Y hasta los asesores políticos del presidente Harding recibieron el apodo de "Gabinete del Póquer."

★
¡Nadie es perfecto!

Durante la presidencia de Harding, se produjeron numerosos escándalos relacionados con los miembros de su personal. Por ejemplo, el Ministro del Interior, Albert Fall, vendió, para beneficio propio, las reservas de petróleo de Teapot Dome, en Wyoming.

★
Mascotas

La familia Harding tenía un canario llamado "Bob" y un perro llamado "Laddie Boy," que en una ocasión tuvo una fiesta de cumpleaños en la Casa Blanca.

★
Murió en el cargo

Harding murió de un ataque al corazón siendo presidente.

LA BANDA DE OHIO

✪ CURIOSIDADES PERSONALES ✪

Harding trataba de agradar a los demás y evitar las confrontaciones. Le gustaba jugar al golf y al póquer.

JOHN CALVIN COOLIDGE

4 de julio de 1872 (en Plymouth, Vermont) *Nació*
5 de enero de 1933 *Murió*
Republicano *Partido*
Charles Gates Dawes (1925-1929) *Vicepresidente*
5 pies 9 pulgadas (1 m 75 cm) de alto *Características físicas*
ESPOSA **Grace Anna Goodhue** HIJOS **John y Calvin** *Familia*

✪ PRIMICIAS PRESIDENCIALES ✪

El primer presidente que fue juramentado
para el cargo por su padre

★

El primero que nació en el cuatro de julio

★
¡Arre, arre, caballito...eléctrico!

Coolidge hizo que se instalara un potro
electrónico en la Casa Blanca, y solía
montar en él casi diariamente.

★
Mascotas

La familia Coolidge tenía
perros, gatos y un burro
llamado "Ebeneezer," un
ganso que había participado
en una representación en
Broadway y una mapache
llamada "Rebecca."
Ocasionalmente, a Coolidge
se le veía caminar por la
Casa Blanca con Rebecca
sobre los hombros.

★
¡Papá, papá! ¡Despiértate!

El Vicepresidente Coolidge se
encontraba de vacaciones en casa
de su padre, cuando supo que el
Presidente Harding había muerto.
A las 2:47 de la madrugada
del 3 de agosto de 1923, Coolidge
fue juramentado para ocupar el
cargo por su padre, John Coolidge,
que era un juez de paz. El Presidente
Coolidge entonces volvió a acostarse.

✪ CURIOSIDADES PERSONALES ✪

A Calvin Coolidge le gustaba que le
fotografiaran con uniforme de scout.

HERBERT CLARK HOOVER

PRESIDENTE

31

1929-1933

Nació 10 de agosto de 1874 (en West Branch, Iowa)
Murió 20 de octubre de 1964
Partido Republicano
Vicepresidente John Charles Curtis
Características físicas 5 pies 11 pulgadas (1 m 80 cm) de alto
Familia ESPOSA **Lou Henry** HIJOS **Herbert Jr. y Allan**

✪ CURIOSIDADES PERSONALES ✪

Hoover era un hombre muy trabajador, un poco tímido y no se sentía cómodo en una multitud de gente. Todas las mañanas hacía ejercicio lanzando una pelota llena de arena durante 30 minutos.

✪ PRIMICIAS PRESIDENCIALES ✪

El primer presidente que nació al oeste del río Mississippi

★

Aprobó "The Star-Spangled Banner" como himno nacional

★

¿Hermano, me podrías dar un centavo?

Herbert Hoover era el presidente cuando se produjo la Gran Depresión. A Hoover le entristecía ver a las personas que padecían de frío y hambre, pero pensaba que el gobierno no debía intervenir en los negocios. Aunque él realmente no fue responsable, a Hoover se le culpó de contribuir a la Gran Depresión. A los barrios pobres se les llamó "Hoovervilles" y los periódicos que se utilizaban para protegerse del frío se llamaron "mantas Hoover."

FRANKLIN DELANO ROOSEVELT

30 de enero de 1882 (en Hyde Park, New York) *Nació*
12 de abril de 1945 *Murió*
Demócrata *Partido*
John Nance Garner (1933-41), Henry Agard Wallace (1941-45), *Vicepresidentes*
Harry S. Truman (1945)
6 pies 1 pulgada (1m 85 cm) de alto, 180 libras (82 kg) *Características físicas*
ESPOSA Eleanor ("La primera dama del mundo") Roosevelt (su prima lejana) *Familia*
HIJOS James, Elliott, Franklin Delano Jr. y John HIJA Anna Eleanor

PRESIDENTE
32
1933-1945

✪ CURIOSIDADES PERSONALES ✪

Roosevelt contrajo polio y se quedó paralizado en 1921.
Solía nadar para recuperar su fuerza. Era indiferente
a su incapacidad física y, con frecuencia, bromeaba
sobre la misma para tranquilizar a los demás.

★

Un día que permanecerá en la infamia

El 7 de diciembre de 1941, los japoneses bombardearon
Pearl Harbor, en Hawaii. Murieron 2,300
estadounidenses y 1,200 resultaron heridos. Al día
siguiente, Roosevelt pidió al Congreso una declaración
de guerra. Con el apoyo de los Estados Unidos, los
Aliados (Gran Bretaña, Canadá, Rusia y Francia)
pudieron derrotar a los países del Eje (Alemania, Japón e
Italia) en 1945 y terminar así la Segunda Guerra Mundial

★

Todo queda en la familia

Theodore Roosevelt,
el vigésimo sexto
presidente, era
el primo quinto
de Franklin

Fala

LA PISCINA DE PEARL HARBOR

Major

★

✪ PRIMICIAS PRESIDENCIALES ✪

El primer presidente cuya madre pudo
votar por él gracias al sufragio universal

★

El primero en ser elegido por más de dos
mandatos (fue elegido presidente para
cuatro mandatos consecutivos)

★

El primer presidente que apareció en televisión

Una presidencia de perros

Roosevelt tenía un perro llamado "Fala"
que siempre lo acompañaba. Los periodistas
lo llamaban "Fala el informante" porque,
donde quiera que aparecía el perro, Roosevelt
estaba cerca. Roosevelt también tenía un
pastor alemán llamado "Major," que era
famoso por haber mordido a varios políticos.

HARRY S. TRUMAN

Nació 8 de mayo de 1884 (en Lamar, Missouri)
Murió 26 de deciembre de 1972
Partido Demócrata
Vicepresidente Alben William Barkley (1949-1953)
Características físicas 5 pies 10 pulgadas (1 m 78 cm) de alto, 185 libras (84 kg)
Familia ESPOSA Elizabeth ("Bess") Virginia Wallace HIJA Margaret

✪ PRIMICIAS PRESIDENCIALES ✪
El primer presidente que dio un discurso en televisión

★
¡Qué metida de pata!
El día de las elecciones en 1948, el periódico Chicago Tribune cometió un gran error cuando publicó que el republicano Thomas Dewey, y no Truman, era el ganador de la elección presidencial.

✪ CURIOSIDADES PERSONALES ✪
A Truman le gustaba jugar a las cartas, al juego de la herradura y tocar el piano.

★
¡De aquí no pasa!
En los primeros seis meses de su presidencia, Truman contribuyó al final de la Segunda Guerra Mundial, al arrojar las dos bombas atómicas sobre el Japón. Además, también evitó la expansión del comunismo y ayudó a fundar las Naciones Unidas.

★
¡Pasajeros a bordo!
Durante la campaña presidencial de 1948, Harry Truman realizó una gira relámpago de 30,000 millas por los Estados Unidos. En cada parada, acudía mucha gente para escuchar el discurso de Truman. Muchos de sus seguidores solían gritar "¡Cántales la verdad, Harry!" Es posible que esta gira haya sido el acontecimiento que volviera a los votantes a favor de Truman.

DWIGHT DAVID EISENHOWER

14 de octubre de 1890 (en Denison, Texas) *Nació*
March 28, 1969 *Murió*
Republicano *Partido*
Richard M. Nixon *Vicepresidente*
5 pies 10 pulgadas (1 m 78 cm) de alto, 178 libras (84 kg) *Características físicas*
ESPOSA **Mamie Geneva Doud** HIJO **John Sheldon** *Familia*

PRESIDENTE
34
1953-1961

✪ CURIOSIDADES PERSONALES ✪

Eisenhower era supersticioso. Llevaba siempre tres monedas en su bolsillo para que le dieran buena suerte: un dólar de plata, una moneda de oro de cinco guineas y un franco francés. Era un chef extraordinario que se especializaba en los bistecs a la barbacoa. Su apodo era "Ike."

★
Campo de golf
El deporte favorito de Eisenhower era el golf. Le gustaba tanto que la Asociación de Golf de Estados Unidos construyó un campo de práctica cerca de la Casa Blanca, para que Eisenhower pudiera jugar siempre que lo deseara.

★
Postre favorito
Batido de ciruelas pasas

★
¡Bombas y más bombas!
Durante la presidencia de Eisenhower, los Estados Unidos comenzó a construir un gran número de misiles nucleares, con la esperanza de que la Unión Soviética se lo pensara dos veces antes de usar sus armas nucleares contra nosotros.

★
Comandante supremo
Durante la Segunda Guerra Mundial, el general Eisenhower estuvo a cargo de todas las tropas que luchaban en Europa por Estados Unidos y sus aliados.

✪ PRIMICIAS PRESIDENCIALES ✪
El primer presidente de los 50 estados
★
El primero en aparecer en la televisión en color

JOHN FITZGERALD KENNEDY

Nació **29 de mayo de 1917** (en Brookline, Massachusetts)

Murió **22 de noviembre de 1963**

Partido **Demócrata**

Vicepresidente **Lyndon B. Johnson**

Características físicas **6 pies (1 m 83 cm) de alto, 170 libras (77 kg)**

Familia ESPOSA **Jacqueline Lee Bouvier**   HIJOS **John Jr. y Patrick** (murió cuando era un bebé)

HIJA **Caroline**

✪ CURIOSIDADES PERSONALES ✪

El Presidente Kennedy pensaba que su mejor cualidad era su curiosidad y la peor era su irritabilidad.

Su encanto, cortesía e ingenio le hicieron muy popular. Se le conoce por la siguiente cita:

"No preguntes lo que tu país puede hacer por ti, sino lo que tú puedes hacer por tu país."

★

Un día de estos...¡Zas! ¡Directo a la luna!

El Presidente Kennedy fijó una meta para que los Estados Unidos colocara un hombre en la luna antes de que terminara la década. Durante el mandato de Kennedy, la NASA (Administración nacional de aeronáutica y del espacio) comenzó a estudiar el efecto que producía en los pilotos la ingravidez en el espacio y el reingreso en la atmósfera. Los astronautas Neil Armstrong y Buzz Aldrin caminaron sobre la superficie de la luna el 20 de julio de 1969.

✪ PRIMICIAS PRESIDENCIALES ✪

El primer presidente que ganó un Premio Pulitzer, por su libro *Profiles in Courage* (*Perfiles de valor*)

★

Asesinato

John Kennedy fue asesinado por Lee Harvey Oswald el 22 de noviembre de 1963.

LYNDON BAINES JOHNSON

27 de agosto de 1908 (en Stonewall, Texas) *Nació*
22 de enero de 1973 *Murió*
Demócrata *Partido*
Hubert Horatio Humphrey (1965-1969) *Vicepresidente*
6 pies 3 pulgadas (1 m 91 cm) de alto, 210 libras (95 kg) *Características físicas*
ESPOSA Claudia Alta ("Lady Bird") Taylor HIJAS Lynda Bird and *Familia*
Luci Baines (Todos en la familia Johnson tenían las iniciales "LBJ.")

✪ PRIMICIAS PRESIDENCIALES ✪

El primer presidente que fue juramentado
para el cargo por una mujer

★

El primero en ser juramentado para el cargo
a bordo de un avión

✪ CURIOSIDADES PERSONALES ✪

Johnson era muy competitivo. Una de sus
actividades favoritas era pasear a sus visitantes
por su rancho en Texas a bordo de su Lincoln
Continental a 90 millas (145 km) por hora.

★
Comida favorita

Guisantes enlatados y tapioca

★
La gran sociedad

Johnson deseaba ser recordado
por haber convertido a los
Estados Unidos en la "gran
sociedad," un lugar donde no
hay lugar para la ignorancia,
la pobreza y la injusticia
racial. Desafortunadamente,
a Johnson se le recuerda
principalmente por la
guerra de Vietnam, la cual
tuvo un efecto tan
negativo que él decidió
no presentarse para su
reelección.

★
Mascotas

"Him" (él) y "Her" (ella) eran los dos perros de raza beagle de la familia Johnson. Las huellas de "Him"
están impresas en cemento en el pasillo que lleva a la sala de prensa de la Casa Blanca. El director
del FBI, J. Edgar Hoover, le regaló a Johnson otro beagle llamado "Edgar."

RICHARD MILHOUS NIXON

Nació 9 de enero de 1913 (en Yorba Linda, California)
Murió 22 de abril de 1994
Partido Republicano
Vicepresidentes Spiro T. Agnew (1969-1973) y Gerald R. Ford (1973-1974)
Características físicas 5 pies 11 pulgadas (1 m 80 cm) de alto, 175 libras (79 kg)
Familia ESPOSA Thelma Catherine Patricia ("Pat") Ryan HIJAS Patricia ("Tricia") y Julie

★
Watergate

Algunas de las personas que Nixon contrató para ayudarle como presidente fueron declarados culpables de fechorías que se conocieron con el nombre de "escándalo Watergate." Entre estas fechorías se incluía la colocación de dispositivos de escucha en la oficina de los demócratas en el edificio Watergate. En 1974 se inició el proceso de juicio de residencia contra el Presidente Nixon por ocultar el escándalo Watergate. Cuando Nixon se dio cuenta de que se enfrentaba a un juicio de residencia seguro, decidió dimitir.

★
Diplomacia del tenis de mesa

En 1972, Richard Nixon hizo "un viaje por la paz." Viajó a China para reunirse con Mao Tse-Tung con la esperanza de ampliar los contactos científicos, culturales y comerciales.

✪ PRIMICIAS PRESIDENCIALES ✪

El primer presidente que visitó China siendo presidente

✪ CURIOSIDADES PERSONALES ✪

Nixon padecía de mareos y fiebre del heno.

GERALD RUDOLPH FORD

14 de julio de 1913 (en Omaha, Nebraska) *Nació*
Republicano *Partido*
Nelson A. Rockefeller *Vicepresidente*
6 pies (1 m 83 cm) de alto, 195 libras (88 kg) *Características físicas*
ESPOSA **Elizabeth Anne ("Betty") Bloomer Warren** HIJOS **Michael Gerald,** *Familia*
John ("Jack") y Steven Meigs HIJA **Susan Elizabeth**

PRESIDENTE

38

1974-1977

✪ PRIMICIAS PRESIDENCIALES ✪

El primero en ser nombrado vicepresidente según la enmienda 25 de la Constitución, cuando Spiro T. Agnew dimitió en 1973

El único presidente que ha servido sin haber sido elegido en una elección nacional

★ Una mano amiga

En un afán de poner punto final a un periodo conflictivo en los Estados Unidos, Ford perdonó al anterior Presidente Nixon por Watergate y ofreció clemencia a los prófugos y desertores de la guerra de Vietnam.

★ Espíritu deportivo

Gerald Ford jugó en el equipo de fútbol americano de la Universidad de Michigan desde 1931 a 1934. En 1935, jugó como miembro de un equipo estelar universitario en un partido contra los Chicago Bears. Los equipos de Green Bay Packers y Detroit Lions le ofrecieron la oportunidad de presentarse a las pruebas de selección de jugadores. Siendo presidente, Ford continuó participando en actividades atléticas, y le gustaba nadar, levantar pesas, esquiar y jugar al golf. En 1977, en el campeonato de golf Memphis Classic embocó un hoyo en un golpe.

✪ CURIOSIDADES PERSONALES ✪

A Ford se le considera el presidente más atlético que haya ocupado la Casa Blanca. Es diestro para los deportes pero, sin embargo, es zurdo para escribir y comer.

JAMES EARL CARTER

Nació **October 1 de octubre de 1924** (en Plains, Georgia)
Partido **Demócrata**
Vicepresidente **Walter Mondale**
Características físicas **5 pies 9 pulgadas (1m 75 cm) de alto, 155 libras (70 kg)**
Familia ESPOSA **Eleanor Rosalynn Smith** HIJOS **John, James y Jeffrey** HIJA **Amy**

★
Comida favorita
Frutos secos (nueces)
y melocotones (duraznos)

✪ CURIOSIDADES PERSONALES ✪
Carter estudió física nuclear en la Academia naval. Le gustaba usar
ropa de mezclilla, como la que se usa para cultivar maní (cacahuetes),
y con frecuencia llevaba su corbata roja "de la suerte."

★
Lectura fácil
Jimmy Carter era un lector muy rápido. Se
le ha observado leyendo 2,000 palabras por
minuto. Era muy habitual que leyera dos o
tres libros a la semana, siendo presidente.

✪ PRIMICIAS PRESIDENCIALES ✪
El primer presidente que se graduó de Annapolis
(Academia Naval de los EE.UU.)

★
Mantequilla de cacahuate (maní) cremosa o no
En 1953, Jimmy Carter regresó de la marina a Plains, Georgia, para encargarse de la hacienda
de cacahuetes que le dejó su padre al morir. Mejoró la producción y amplió la escala de la
hacienda de modo que se volvió un negocio próspero. Para 1979, se había convertido en
millonario en la industria de los cacahuetes.

RONALD WILSON REAGAN

6 de febrero de 1911 (en Tampico, Illinois) *Nació*

Republicano *Partido*

George Bush *Vicepresidente*

6 pies 1 pulgada (1 m 85 cm) de alto, 185 libras (84 kg) *Características físicas*

ESPOSAS **Jane Wyman** (se divorció en 1948), **Nancy Davis** *Familia*

HIJOS **Michael y Ronald Jr.** HIJAS **Maureen y Patti**

PRESIDENTE

40

1981-1989

✪ PRIMICIAS PRESIDENCIALES ✪

El único presidente divorciado

★

El primero en ser herido y haber sobrevivido un intento de asesinato

★

El único presidente inaugurado después de haber cumplido 70 años

★

¡Luces! ¡Cámara! ¡Acción!

Reagan fue un actor de éxito antes de integrarse al mundo de la política. Actuó en varias series de televisión y en películas, entre otros *Knute Rockne, All American; Death Valley Days; Bedtime for Bonzo;* y una producción en 1958 llamada *A Turkey for President.*

✪ CURIOSIDADES PERSONALES ✪

A Reagan se le conoce como el "Gran Comunicador" porque supo utilizar la televisión muy bien para presentar su política y sus programas. Le gustaba trabajar en su rancho en California, cortando maleza, construyendo cercas y cortando madera.

★

Comida favorita

Lasaña, macarrones con queso y caramelos de goma (su sabor favorito es el de coco)

GEORGE HERBERT WALKER BUSH

Nació 12 de junio de 1924 (en Milton, Massachusetts)
Partido Republicano
Vicepresidente James Danforth Quayle
Características físicas 6 pies 2 pulgadas (1 m 88 cm) de alto, 195 libras (88kg)
Familia ESPOSA Barbara Pierce HIJOS George, John ("Jeb"), Neil y Marvin
HIJAS Dorothy ("Doro") y Robin (murió de leucemia a la edad de cuaro años)

★

Se viene abajo

El Muro de Berlín, un símbolo de la Guerra Fría erigido en 1961, fue derrumbado el 9 de noviembre de 1989.

★

Tormenta del Desierto

El 2 de agosto de 1990, Irak invadió el país de Kuwait. Bush ordenó una operación denominada "Escudo del Desierto" que consistía en una serie de acciones diplomáticas y embargos. El "Escudo del Desierto" fracasó, y por eso comenzó la operación "Tormenta del Desierto" el 17 de enero de 1991. La "Tormenta del Desierto" (Desert Storm) incluyó extensos bombardeos y ataques por tierra. Las tropas estadounidenses liberaron la ciudad de Kuwait que es la capital de Kuwait. La guerra duró hasta que el Presidente Bush pidió un cese al fuego el 27 de febrero de 1991.

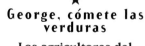

✪ CURIOSIDADES PERSONALES ✪

Bush es una persona callada y apacible que prefiere hablar a luchar. Jugó en la posición de primera base para el equipo de béisbol de Yale.

★

George, cómete las verduras

Los agricultores del brócoli se sintieron muy dolidos cuando George Bush dijo que no le gustaba el brócoli. Los agricultores le mandaron camiones llenos de brócoli a la Casa Blanca. Barbara Bush gentilmente aceptó el brócoli, pero el Presidente Bush dijo, "soy el Presidente de los Estados Unidos y no tengo que comerlo."

WILLIAM JEFFERSON CLINTON

19 de agosto de 1946 (en Hope, Arkansas) *Nació*
Demócrata *Partido*
Albert Gore *Vicepresidente*
6 pies 1 pulgada (1m 85 cm) de alto, 200 libras (91 kg) *Caraterísticas físicas*
WIFE **Hillary Rodham** HIJA **Chelsea** *Familia*

PRESIDENTE
★
42
1993-2000

★ ¡Buen saxofonista!

Bill Clinton toca el saxofón tenor y soprano. Durante su campaña, apareció en muchas funciones tocando el saxofón y entreteniendo a los votantes en todo el país.

★ Mascotas

El gato "Socks" y el perro "Buddy."

✪ PRIMICIAS PRESIDENCIALES ✪

El primer presidente que recibió la beca de Rhodes

★

El segundo presidente que fue juzgado de residencia seguro y absuelto

★ Helado favorito

Mango

★ Bocadillo favorito

Mantequilla de cacahuete (maní) y banana

✪ CURIOSIDADES PERSONALES ✪

Clinton es el primer presidente nacido después de la Segunda Guerra Mundial. Durante su campaña adquirió la reputación de que le gustaba la comida pre-hecha y que era un corredor empedernido. En 1963, cuando Bill Clinton tenía 16 años de edad, fue miembro de un grupo en Arkansas conocido como el programa "Boy's Nation." Su mejor momento con este grupo fue una reunión en la Casa Blanca con el entonces presidente, John Kennedy.

Washington
1

J. Adams
2

Jefferson
3

Madison
4

Monroe
5

J. Q. Adams
6

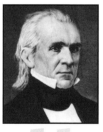

Jackson
7

Van Buren
8

W. Harrison
9

Tyler
10

Polk
11

Taylor
12

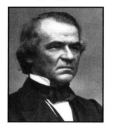

Fillmore
13

Pierce
14

Buchanan
15

Lincoln
16

A. Johnson
17

Grant
18

Hayes
19

Garfield
20

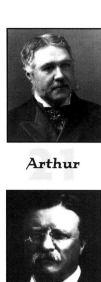

Arthur

Cleveland

B. Harrison

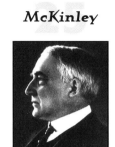

McKinley

T. Roosevelt

Taft

Wilson

Harding

Coolidge

Hoover

F. Roosevelt

Truman

Eisenhower

Kennedy

L. Johnson

Nixon

Ford

Carter

Reagan

G. Bush

Clinton

G.W. Bush

¿QUÉ HACE UN PRESIDENTE?

El presidente es al mismo tiempo un líder político y un símbolo de nuestra nación. Es el "primer mandatario" encargado de hacer que se cumplan las leyes del país y de dirigir la rama ejecutiva del gobierno. Es el comandante en jefe del militar. El presidente colabora con el Senado y la Cámara de Representantes. Negocia tratados con otros países y nombra jueces, embajadores y otros altos funcionarios del gobierno. El presidente puede vetar la legislación propuesta por el Congreso, aunque se necesita la aprobación del Presidente y del Congreso para aprobar cualquier legislación. (Un veto se puede anular si el Senado y la Cámara de Representantes votan con una mayoría de dos tercios.)

La Constitución destaca cinco áreas que componen la descripción del trabajo del presidente:

1. Comandante en Jefe

El presidente está a cargo de las fuerzas armadas (el ejercito, la marina de guerra, las fuerzas aéreas y la infantería de marina). La Constitución ha sido concebida de manera que el presidente y el Congreso deben compartir la responsabilidad de una declaración de guerra, pero en caso de emergencia, el presidente puede enviar las tropas sin el permiso del Congreso.

2. Administrador en Jefe

El presidente está a cargo de nombrar a las personas que van a ocupar cargos en el gobierno.

3. Diplomático en Jefe

El presidente es el representante del país ante el mundo entero. El presidente puede firmar tratados (con la aprobación del Senado), nombrar diplomáticos (si los aprueba el Senado), y recibir a visitantes de otros países.

4. Legislador en Jefe

El presidente está a cargo de darle al Congreso una lista de los asuntos que son importantes y oportunos. El Congreso debe discutir y proponer las acciones que se deben realizar en cada uno de esos asuntos. Si al presidente no le gusta el resultado del voto del Congreso, puede utilizar su derecho de veto contra dicho voto.

5. Magistrado en Jefe

El presidente está a cargo de asegurarse de que se sigan y se respeten las leyes de los Estados Unidos.

¿CÓMO SE ELIGE A UN PRESIDENTE?

Cada cuatro años, los Estados Unidos elige a alguien para ser presidente y a otra persona para ser vicepresidente. El proceso electoral se realiza en dos etapas: elecciones primarias y elecciones generales.

En las elecciones primarias, los candidatos para presidente compiten por conseguir la nominación de su partido político, tal como el partido Demócrata, Republicano o Libertario. Cada candidato obtiene una serie de delegados comprometidos (que son como puntos) basándose en el número de votos que consiguen en cada estado. La fecha de las elecciones primarias puede ser diferente en cada uno de los estados. Durante el verano del año electoral, cada partido político celebra una convención y suma los delegados obtenidos por cada persona que se presenta como candidato para presidente. El candidato que tenga más de la mitad de todos los delegados recibe la nominación de su partido. El ganador entonces selecciona a una persona que se presentará como vicepresidente en la candidatura.

En las elecciones generales se enfrentan los ganadores de las elecciones primarias. A veces, hay candidatos independientes (personas sin un partido político) que se unen también a la carrera presidencial. Las elecciones generales se celebran siempre en noviembre. Cuando se han sumado todos los votos al final de las elecciones, el candidato que ha conseguido más votos en un estado "gana" a todos los delegados (llamados votos electorales) de ese estado. (Estos delegados forman lo que se conoce como el colegio electoral.) El número de votos electorales de cada estado es igual al número de los miembros del Congreso de ese estado—dos Senadores más los representantes. Hay un total de 538 votos electorales en los 50 estados y el Distrito Federal. El candidato que consigue 270 votos electorales, o más, gana la presidencia. (Punto de meditación: Es posible ganar el voto electoral y la presidencia pero ser el segundo en cuanto al número total de votos individuales de los ciudadanos, conocido como el "voto popular.")

Paco se despertó babeando por no prestar atención.
Se había quedado dormido preparando su lección.
Al revisar su trabajo, les dio un gran consuelo,
ya que la historia les ofrecía EL EXPEDIENTE POCOPELO.

Paco salió como flecha, haciendo un gran desastre,
Hoy era el día esperado de su tan reñido debate.

Ramona pronunció su discurso, fue la primera.

"¡Soy la mejor y él es el peor!" dijo altanera.

"Yo les prometo a todos la luna y el sol cualquier día,

yo soy **quien** representa la verdadera alegría."

《 Por otra parte… 》

Paco pronunció un discurso digno de Abe El Honesto.

Prudente y erguido se dirigió a la gente, muy modesto.

Habló de la verdad y de ser consecuente,

de votar con la cabeza usando la mente.

Hinchando el pecho, les dijo, imitando a un gran orador:

"¡No soy un **vago**–soy quién,

realmente, hará la mejor **labor**!"

Se contaron los votos con una gran atención,
y llegó el gran momento de declarar
   finalmente en la reunión:

   Un vencedor.

      La maestra Torrepisa desdobló un papelito,
      donde estaba escrito el resultado, muy clarito.
      Lo leyó en voz alta a los estudiantes que
         prestaban atención.
         Y fue Paco, sin duda, el que ganó esta elección.

Paco se sintió de pronto un poquito mareado,
cuando el público, en pie, le aplaudió apasionado.
Sin embargo, observó, entre tantas ovaciones,
que Ramona echaba humo por las orejas a montones.
Empezó a babear y con la mirada encendida,
gritaba, "¡Paco Pocopelo,

te voy a arruinar la vida!"

La maestra Torrepisa tomó
a Ramona por el brazo,
y le dijo a la joven que
consultara, sin retraso,
su agenda por si había alguna
cosa que le impidiera cumplir...

...el castigo escolar que,
para el resto del año,
tendría que **rendir.**

Por eso...

Si la Primaria Rinoceronte se te ocurre visitar,
no te olvides nunca de esa regla sin par:

¡Si abandonas la sala a la mitad de la clase,
será mejor que sea oficial tu pase,
porque cualquier intento de salir al pasillo,
lo estará vigilando el mejor, el más listillo—
    y, su nombre es

Paco Pocopelo!

Todo en orden en el pasillo...

PASE

VIGILANTE DEL PASILLO

Ray Nelson es un tipo muy grande. (Mide seis pies y cuatro pulgadas [1.9 m] de alto y pesa 245 libras [540 kg].) Cuando la gente ve a Ray piensan que debería ser un luchador profesional de lucha libre. El presidente favorito de Ray es George Washington porque a pesar de que usaba una peluca todavía era un presidente excelente. Ray pasa la mayor parte de su tiempo en Oregon, con su esposa, sus dos hijos, y su oso mascota, Butch. (También tiene una perrita llamada Molly, que es mitad Gran Danés y mitad caballito Shetland.)

Douglas Kelly es un hombre muy pequeño. Él vive en una de las casas renovadas de Malibu Barbie en el garaje de Ray. Le gusta el Jazz, jugar golf, y pintar. El presidente favorito de Doug es el que aparece en el billete de veinte dólares. (Éste es el billete de denominación más alta que Doug ha visto. De otra manera pensamos que le gustaría más el presidente que aparece en el billete de mil dólares.) Doug vive en Oregon con su gato, Toonces.

Ben Adams es un hombre sencillo con necesidades sencillas. Dale a Ben música de Rock fuerte, una historieta cómica ilustrada, y unas galletas dulces, y está tan feliz como una lombriz. El presidente favorito de Ben es Benjamin Franklin. (Por suerte Ben no escribió la información educativa para este libro.) Ben vive en Oregon, donde le gusta trabajar en su jardín, dejar a todos sordos con su música, y disfrutar de actividades al aire libre.

Mike McLane solía ser un abogado de mucho éxito. Mike se aburrió del respeto que los otros tenían por él, de un sueldo muy grande y de la seguridad que su trabajo le brindaba, así que, en vez, decidió trabajar para Flying Rhinoceros, Inc. El presidente favorito de Mike es William Taft. Mike opina que un presidente debe tener músculos firmes y un buen apetito—ambas características por las cuales Taft se distinguía. Mike vive en Oregon, con su esposa y tres hijos.

CONSULTORES HISTÓRICOS

Keith Melder es *conservador emérito* en el Museo Nacional de Historia Americana, del Instituto Smithsonian. Keith es el autor de *Hail to the Candidate* (Saludos al candidato), un libro acerca de la elecciones presidenciales

M.W. Pete Smith ha sido profesor de historia durante 40 años. Es un experto en los presidentes de los EE.UU. y colecciona botones de las diferentes campañas presidenciales.

AGRADECIMIENTOS ESPECIALES

President Gerald Ford, Penny Circle, Bill and Vicky Meyer, Jim Wilson, Deborah Bielman, Jerry Sayer, Keith Gaumont, Theresa Nelson, Victoria Collins, Julie Mohr, Chris Nelson, Jen Jacobson, Kelly Kuntz, Joseph Siegel, Janet Lockwood, Annaliese Griffin, Elaine Fink, Jessica Grilihas, Claudia Giménez y Mari McBurney